# FRÈRE MARIE-LOUIS.

LYON
J. B. PÉLAGAUD, IMPRIMEUR
de N. S.-P. le Pape
ET DE SON ÉM. MGR LE CARDINAL ARCHEVÊQUE,
Rue Sala, 58.
1877.

N° 41.

# LETTRE CIRCULAIRE

DU

# SUPÉRIEUR GÉNÉRAL DES FRÈRES DE LA SAINTE-FAMILLE

AUX MEMBRES DE SA CONGRÉGATION,

A L'OCCASION DE

## La mort du très-cher Frère MARIE-LOUIS.

Belley, le dimanche de la Passion, 18 mars 1877.

Très-chers Frères,

C'est un bien précieux avantage pour une communauté de trouver dans son sein de vrais modèles de la perfection religieuse. Dieu nous a donné un de ces modèles dans la personne du très-cher Frère Marie-Louis, né Charrot Jean-Marie. Si, en nous comparant à ce bon Frère, nous éprouvons un sentiment de confusion, laissons-le pénétrer bien avant dans notre cœur, il nous sera salutaire.

Le Frère Marie-Louis vint au monde le 27 janvier 1823, à Châteauneuf, diocèse de Chambéry. Il appartenait à une famille très-religieuse, qui a fourni plusieurs sujets à l'état ecclésiastique. Nous citerons ici textuellement quelques lignes qui nous ont été adressées touchant la piété qu'il montra dans sa première jeunesse: « Comme on s'était aperçu qu'il se levait la nuit, on fut cu-
« rieux de savoir où il allait, et, l'ayant épié, on vit qu'il se retirait
« dans un coin, pour réciter à genoux son chapelet. Cette précoce
« dévotion à la Mère de Dieu le porta à se consacrer à elle dès son
« bas âge, comme en fait foi une image de l'Immaculée-Conception
« qu'il m'a laissée pour souvenir en partant pour Belley. Au bas

« de cette gravure se trouve sa consécration à l'auguste Vierge, « écrite de sa mauvaise petite écriture de ce temps-là. Un jour, en « montrant cette image, il dit : Voilà Celle qui m'a ordonné d'en- « trer chez les Frères.

« Partout où il a séjourné, il a laissé un excellent souvenir de « ses vertus. On se souvient toujours de lui à Châteauneuf, à « Chambéry, et surtout à Cruet, où il a fait la classe pendant une « année. Les jeunes gens d'alors, devenus aujourd'hui pères de « famille, en parlent encore avec admiration. Il enchantait « tous ceux qui l'approchaient, par sa grande charité, et par l'amé- « nité de son caractère. »

Pendant qu'il était à Cruet, le jeune Charrot commença sous la direction de son oncle, M. Sage, curé de cette paroisse, ses études pour embrasser l'état ecclésiastique ; mais bientôt, effrayé de la responsabilité qui pèse sur un prêtre chargé du soin des âmes, il prit le parti d'entrer dans l'état religieux.

Admis au noviciat des RR. PP. Capucins, à La Roche, il se livra avec ardeur à tous les exercices de la vie régulière ; mais la force de son tempérament ne répondant pas à la générosité de son âme, il éprouva diverses graves incommodités, suite des austérités qu'il pratiquait. Après quelques mois d'une courageuse persévérance, il dut céder, ses supérieurs ayant prononcé qu'il n'était pas fait pour les austérités de la Règle de saint François. Cette décision lui causa la plus grande peine.

S'étant rendu dans une maison de commerce, à Lyon, il vit mieux qu'au sein des religieuses populations de son pays natal la corruption et l'impiété qui règnent dans le monde. Aussi fut-il saisi de crainte pour son salut, et résolut-il de chercher un nouvel asile pour mettre sa vertu à l'abri. C'est vers le noviciat de la Sainte-Famille qu'il dirigea ses pas. Il y fut admis le 18 novembre 1846.

Bientôt il montra qu'il était digne de cette faveur. Quelques-uns de ses condisciples nous ont donné les détails suivants sur cette époque de sa vie : « Dès les premiers jours, il pos- « séda l'estime et l'affection de tout le noviciat. Un aimable et « gracieux sourire annonçait la douce paix de son âme. Durant

« les exercices de piété, on le voyait immobile et recueilli ; sur les « traits de son visage se peignaient les élans de son cœur vers « Dieu. Toujours agréables et édifiantes, ses conversations pro« duisaient sur ses condisciples l'effet d'une exhortation à la vertu. « Les nouveaux venus lui donnaient d'abord toute leur confiance. « Il les accueillait avec une charité angélique, leur donnait des « conseils, adoucissait leurs peines et leur rendait tous les services « qui étaient en son pouvoir. Il observait la règle dans tous ses « points avec une scrupuleuse exactitude. Jamais on ne le vit « manquer au silence. Avide de sainteté, il volait plutôt qu'il ne « marchait dans les sentiers de la vertu. »

Le 2 octobre 1847, il quitta les livrées du monde pour celles de la religion. « Sa joie et sa ferveur en cette circonstance furent « inexprimables, nous dit l'un de ses condisciples; le feu divin « qui enflammait son âme le rendait semblable à un chérubin « devant le trône de l'Eternel. »

C'est dans les mêmes dispositions que, le 21 septembre de l'année suivante, il se consacra à Dieu par les vœux de religion. Quelques mois plus tard, il exprimait de la manière la plus touchante à notre Révérend Père Fondateur la reconnaissance dont il était pénétré pour cette faveur, qui rendait définitive son admission dans la Congrégation. Dès la fin de 1847, il fut employé dans nos établissements, et partout où il a été, on a admiré sa vie angélique ; partout il a accompli à la lettre ce vœu exprimé par la règle : *Qu'on ne voie et qu'on n'entende jamais un Frère de la Sainte-Famille sans en devenir meilleur ou en être édifié.*

Le premier théâtre de son zèle fut Autun, où, accompagné de deux autres Frères, il alla, en qualité de Directeur, créer un asile agricole, avec quelques ressources offertes pour cette fin par la conférence de Saint-Vincent de Paul.

Cette œuvre eut des commencements très-pénibles. La maison où fut établie la petite communauté était en fort mauvais état; pour la rendre habitable, le Frère Marie-Louis dut se faire maçon, plâtrier, menuisier, etc. Quant à la table, elle n'était pas somptueuse ; plus d'une fois une salade de pommes de terre composa tout le menu du repas. La vue des privations auxquelles les Frères étaient soumis, touchait de compassion les gens qui venaient les visiter. Pour le Frère Marie-Louis, il était content de souffrir, et il se disait plus heureux que ceux qui le plaignaient.

Les réparations les plus urgentes étant achevées, on commença par recevoir une dizaine d'enfants. Ils eurent bientôt absorbé les ressources, et les privations se multiplièrent.

Comme l'église paroissiale était éloignée, le Frère Marie-Louis souffrait de ne pouvoir s'y rendre tous les jours. Il souffrait également de l'incommodité qu'éprouvaient les enfants pour se rendre aux offices paroissiaux dans les temps de pluie. Aussi fut-il au comble de la joie quand Monseigneur l'Evêque eut permis, en transformant en chapelle une des chambres de la maison, d'y conserver le Saint-Sacrement, d'y avoir la messe le dimanche et le jeudi, et le Chemin de la Croix canoniquement érigé. Toutefois ces faveurs, qui remplissaient son âme de douces consolations, n'étaient qu'une préparation à de nouvelles épreuves.

Les terres dépendantes de l'asile n'étant pas suffisantes pour occuper les enfants, dont le nombre s'était accru, on chercha à en augmenter l'étendue, en attendant qu'on pût transporter cet orphelinat dans une plus grande propriété. Ne trouvant rien de convenable dans le voisinage, l'Administration de l'œuvre porta ses vues sur une terre qui était distante de plus d'une lieue. Le Frère Marie-Louis, prévoyant les inconvénients qui allaient résulter d'un tel éloignement, fit ses représentations ; mais les administrateurs, tenant plutôt compte de l'avantage qu'offrait la modicité du prix exigé, et ayant d'ailleurs obtenu l'assentiment de notre Révérend Père Supérieur mal informé, réalisèrent leur projet. Dire toutes les peines qui en résultèrent pour le Frère Marie-Louis est impossible. Il les épancha dans le sein de son Supérieur, et ne pensa point exagérer en disant : « Je ne crois pas que les forçats aient tant de peine. » Sa santé en éprouva une telle altération, qu'il maigrit jusqu'à exciter la compassion de ceux qui le voyaient.

Dans cette situation, il mit sa confiance en Dieu et fit prier les enfants pour les besoins de l'asile. Ce ne fut pas sans fruit, car quelque temps après il écrivait : « Notre divin Maître se plaît à « répandre sur notre maison les bénédictions que l'Arche attira « autrefois sur celle d'Obédédom ; car, quoique nous n'ayons « presque rien pu faire dans notre jardin pendant les mois de mai « et de juin, il est pour le moins aussi beau que ceux des jardiniers « qui s'en occupent continuellement. »

La bonne tenue de cette maison attira l'attention des autorités supérieures du département, qui en témoignèrent leur entière satisfaction. De son côté, le Président de la conférence de Saint-Vincent de Paul fit, dans un discours imprimé, les plus grands éloges de l'établissement et des Frères qui le dirigeaient.

Cependant l'Administration, qui cherchait une autre propriété, arrêta son choix sur une ferme située à 1,500 mètres de la première, et tandis qu'on continuait de cultiver celle-ci, on commençait l'exploitation de la nouvelle propriété. Ce fut une cause de nombreux embarras pour notre cher Frère. Sous le poids des fatigues que lui causaient tant de travaux, et ennuyé de se trouver en rapport avec toutes sortes de personnes, il crut devoir, pour l'acquit de sa conscience, demander son changement. Sa demande n'ayant pas été accueillie, il manifesta le désir de s'expliquer verbalement avec son Supérieur, afin de mieux exposer ses raisons. « Après « vous avoir ouvert mon cœur, lui écrivait-il, je n'aurai pas de « plus grand plaisir que d'aller où la sainte obéissance m'enverra, « parce que je serai sûr de faire la volonté de Dieu, et c'est là mon « unique désir. » La volonté de Dieu fut qu'il continuât ses soins à l'œuvre qu'il avait commencée.

Les fatigues et les peines que lui occasionna l'installation de l'asile dans la nouvelle propriété, furent augmentées par ceux-là mêmes qui auraient dû être ses consolateurs. En effet, le Président, qui n'avait nulle expérience du travail, exigeait plus qu'il n'était possible de faire. Comme il voulait que toute la journée fût employée aux travaux manuels, on ne trouvait pas un moment pour l'instruction des orphelins, pas même pour la préparation de ceux qui se disposaient à la première communion. On avait beau appeler son attention sur ce point essentiel, il ne paraissait pas en comprendre l'importance. Le Frère Marie-Louis, désolé de voir son zèle ainsi paralysé, réclamait en vain contre cet état de choses. Il ne fut pas plus heureux dans la demande qu'il fit d'un quatrième Frère qu'il jugeait nécessaire pour la surveillance. A toutes ces difficultés, qui rendaient la position des Frères très-difficile, s'ajoutait celle du manque de chapelle dans la nouvelle propriété, ce qui les privait de la messe durant toute la semaine et de la communion du jeudi.

Les ennuis et les souffrances étaient donc le partage journalier de ce bon Frère. Sa santé ne tarda pas à en être gravement compromise. A de fréquentes névralgies vinrent s'ajouter des douleurs rhumatismales, qui l'obligèrent à prendre des béquilles. « Ma santé « est ruinée par les inquiétudes que me donne la charge de l'éta- « blissement, » écrivait-il à son Supérieur, et il le priait de lui accorder son changement, ajoutant cet autre motif encore plus puissant à ses yeux : « Comment vivre en bon religieux dans une telle « situation ? Et c'est cependant ce à quoi je tiens le plus. Qu'impor- « tent les peines extérieures, quand on est bien avec le bon Dieu?... « Dans la situation où je me trouve, on ne vit plus, on languit « dans la misère la plus profonde, et il n'y a que Dieu qui le com- « prenne avec celui qui l'endure. »

Par une autre lettre, il exposait que les influences du climat en hiver devaient être la cause de ses douleurs physiques, et, après avoir rappelé ce qu'il avait dit dans les lettres précédentes, il ajoutait : « Maintenant, vous ferez ce que votre prudence vous suggè- « rera. Pour moi, je me soumettrai très-humblement à tout ce « qu'il vous plaira de me commander. Si vous tenez à ce que je « reste plus longtemps dans ce poste, malgré toutes les raisons que « je viens de vous donner et toutes les misères que j'y endure, je « me soumettrai, dût-il m'en coûter la vie. J'obéirai, et le bon « Dieu aura pitié de moi. » Jamais résignation fut-elle exprimée d'une manière plus respectueuse ? Cependant ce bon Frère craignait d'avoir trop insisté, et, afin de se tranquilliser, il écrivit de nouveau à son Supérieur pour lui en demander pardon.

Enfin, pour sa consolation, l'époque de la retraite annuelle approchait, et il devait s'y rendre ; son cœur tressaillait dans l'espoir que ses désirs allaient être exaucés. Une lettre du Président l'avait précédé à la Maison-Mère. Il exprimait son regret de s'être montré parfois trop exigeant envers les Frères, et il présentait le Frère Directeur comme animé de cet esprit d'abnégation et de douceur qui convient au caractère religieux, et comme s'étant acquis l'estime et la vénération de tout le monde. Mais il constatait que, depuis quelque temps, les forces de ce Frère trahissaient son zèle. Le Frère Marie-Louis devait donc être déchargé du fardeau sous lequel il avait tant gémi, et c'est ce qui eut lieu.

Les épreuves auxquelles il avait été soumis pendant son séjour à Autun, loin de le décourager, n'avaient fait que l'unir plus étroitement à Dieu. Il le prouva en prononçant les vœux perpétuels à la retraite de 1852.

Ce bon Frère va-t-il enfin couler des jours moins pénibles, exercer son dévouement sur un champ moins épineux et moins ingrat ? Non ; Dieu trouve dans cette âme tant de générosité, qu'il veut la faire marcher continuellement dans la voie des tribulations. Allez donc, victime obéissante ; un Dieu souffrant vous appelle à sa suite. Laissez les consolations de la terre pour les hommes terrestres, et continuez de suivre ce Dieu sur le Calvaire. Vous unirez vos soupirs à ses soupirs, votre sacrifice à son sacrifice. Ne craignez pas, sa force sera avec vous ; il vous fera même trouver des consolations sous le poids de la croix, et vous serez plus heureux de souffrir pour son amour que ne le seront jamais les amateurs des jouissances de la terre.

Nos Frères avaient été appelés à Vienne, pour la direction d'un orphelinat nouvellement établi. L'organisation de cette œuvre était à peine commencée, et elle demeura toujours imparfaite, pour des causes qui devaient inévitablement en compromettre l'avenir. C'était là le nouveau Calvaire que Dieu avait préparé au Frère Marie-Louis. L'Administration supérieure de l'orphelinat appartenait à un Conseil de dames, qui ne purent jamais bien s'entendre. La prétention de quelques-unes à s'immiscer dans la direction intérieure de l'établissement, fut pour les Frères une source d'ennuis et de difficultés. Bien que M. le Curé de la paroisse fît partie de ce Conseil, comme il n'y exerçait pas l'ascendant désirable, il ne put jamais parvenir à maîtriser ces personnes avides de domination.

Un des premiers effets du manque d'entente dans le Conseil, fut la prolongation du séjour de l'orphelinat dans le lieu insalubre et incommode où il avait commencé. C'était un réduit étroit, peu aéré et n'ayant pas de cour pour la récréation des enfants. Le Frère Marie-Louis s'occupa d'abord de faire chercher un lieu plus convenable; mais, quoique chacun en reconnût l'urgence, ce projet ne fut exécuté que plusieurs années après. Le temps des chaleurs était particulièrement fatigant pour la petite communauté; il y avait toujours plusieurs enfants indisposés, et la santé des maîtres était rudement éprouvée. Le Frère Marie-Louis surtout, qui se dépensait tout entier pour cette œuvre, éprouva de fréquentes indispositions et un affaiblissement de forces très-prononcé. Enfin un local convenable fut acheté.

Mais l'état d'épuisement du Frère Marie-Louis fit bientôt naître de sérieuses inquiétudes. Outre le traitement prescrit par le médecin, on lui conseilla un petit séjour dans son pays natal. Lui-même paraissait le désirer, dans la persuasion que ce repos serait favorable à son rétablissement. En conséquence la permission fut demandée à son Supérieur, qui ne crut pas pouvoir l'accorder. Le Frère Marie-Louis accepta ce refus avec une religieuse résignation : « Je me soumets de tout mon cœur à votre décision, répon« dit-il; que la sainte volonté de Dieu s'accomplisse. » Sa soumission ne resta pas sans récompense ; Dieu lui rendit la santé, et lui donna en même temps la consolation de voir ses travaux couronnés de succès. « Tout va bien, écrivait-il quelque temps après ; « le bon Dieu continue de bénir notre œuvre. » Il avait reçu trente orphelins, qui, grâce à la salubrité du nouveau local, jouissaient d'une brillante santé, et les ressources matérielles ne faisaient point défaut à l'établissement.

Mais c'était trop de bonheur pour un homme qui devait passer sa vie dans les épreuves. L'année 1856 fut signalée par de terribles inondations ; le Rhône surtout causa de grands désastres. Le jardin de l'orphelinat, situé sur le bord du fleuve, fut pendant plusieurs jours couvert par les eaux, et toutes les plantations, objet des soins et des espérances du Frère Marie-Louis, furent perdues. De plus, cet accident lui occasionna des fatigues qui déterminèrent une nouvelle maladie. Après avoir constaté l'insuffisance des remèdes ordinaires, le médecin lui ordonna les eaux de Vichy, assurant que, sans ce traitement, il languirait toute l'année et pourrait arriver à un état dangereux. Obligé de faire part de cette décision à son Supérieur, il lui manifesta la répugnance qu'il éprouvait à aller aux eaux, et lui exprima la pensée que quelques semaines d'un repos complet pris hors de l'établissement, lui suffiraient peut-être pour se remettre. « Mais, pour n'avoir rien à me reprocher, ajoutait-il, je ne demande rien. Faites de moi ce qu'il vous « plaira ; je m'y soumets d'avance de tout mon cœur. Grâce à « Dieu, j'ai le bonheur de pouvoir vous déclarer que je suis parfaitement indifférent à l'égard de la décision que vous prendrez « à mon sujet. » Des vacances lui furent accordées, et bientôt l'agitation fébrile qu'il éprouvait continuellement disparut, l'appétit revint, son estomac délabré se fortifia, et, après quelques semaines de repos, il put aller reprendre ses fonctions dans l'établissement.

Les épreuves lui laissèrent alors quelque trêve ; il en profita pour réparer les dégâts causés par l'inondation, pour étendre de plus en plus ses connaissances en horticulture, et pour préparer un règlement ; car, jusque-là, il n'y en avait pas eu d'écrit. L'établissement prenait une marche excellente. Les soins donnés à l'éducation morale et religieuse produisaient des résultats visibles ; la bonne tenue du jardin attirait l'attention du public ; des visites inspirées par l'intérêt se succédaient toute la journée ; la sympathie pour l'établissement devenait universelle, et se manifestait sous toutes les formes. C'était une consolation pour notre bon Frère ; mais elle devait peu durer.

Vers la fin de 1857, voulant épargner quelques dépenses à l'orphelinat, le Frère Marie-Louis se fit, comme à Autun, maçon, charpentier et couvreur; mais, après avoir travaillé par un temps rigoureux, il fut saisi d'un refroidissement qui détermina une pleurésie et le conduisit aux portes du tombeau. Cette maladie n'était cependant pas celle qui devait le délivrer des misères de la vie; la Providence lui réservait de nouvelles épreuves.

Peu de temps après, le Frère cuisinier de l'établissement fut atteint d'une maladie dont il mourut. Le Frère Marie-Louis lui-même retomba à la suite des grandes chaleurs, et, comme si ces afflictions n'eussent pas suffi, quelques dames patronnesses de l'œuvre y ajoutaient, par leur ingérence inopportune dans le gouvernement de la maison. M. le Curé eût bien voulu les exclure du Conseil, où elles perpétuaient la division ; mais la reconnaissance qu'on leur devait pour leurs générosités envers l'œuvre et l'espérance de dons plus grands encore, s'opposèrent à l'exécution de cette mesure.

Une autre contrariété vint encore se joindre aux précédentes : un Frère qui, depuis cinq ans, secondait le Frère Marie-Louis avec toute l'intelligence désirable , lui fut enlevé pour aller prendre la direction d'un autre orphelinat. C'était une mesure fâcheuse pour celui de Vienne ; Frère Marie-Louis en fut très-peiné; mais, avec la droiture de jugement et l'esprit de foi qui le caractérisaient, il sentit qu'une congrégation, au lieu de considérer l'intérêt d'un seul établissement, doit partager ses soins entre tous. Il se soumit donc religieusement ; mais, dès lors, il fut obligé de faire face à tout ; et comme ses forces ne répondaient pas au poids de tant de fatigues , ses souffrances ne firent qu'augmenter. Cependant, loin de s'en laisser abattre, il puisait dans ses épreuves mêmes le courage et l'énergie nécessaires pour les supporter. « Les misères que j'ai eues, écrivait-il à cette occa-
« sion, ont presque entièrement ruiné ma santé ; mais, si le bon
« Dieu daigne, par ce moyen, me faire expier mes péchés, je
« m'estime heureux, et je ne changerais pas ma position contre
« tout l'or du monde. »

Mais, ce qui mit le comble à ses épreuves, ce fut de voir qu'un moment le Révérend Père Supérieur sembla ne pas lui tenir compte des difficultés de toute nature contre lesquelles il luttait avec tant de persévérance. La peine qu'il en éprouva lui fut plus sensible qu'aucune autre. Il s'en expliqua par une lettre admirable de modération et de respect, qu'il termina ainsi : « Voilà près de « neuf ans que je suis ici à souffrir de toute manière, et cette « pensée me rend heureux, même dans les plus grandes tra- « verses... J'aime mieux être malheureux par la volonté de Dieu « qu'être heureux par ma volonté propre. »

Vers ce même temps mourut M. le Curé de la paroisse. Ce vénérable Prêtre avait apprécié le Frère Marie-Louis, et il avait voulu le soutenir et l'aider ; mais trop souvent il fut impuissant.

Dès que le nouveau Curé put s'occuper de l'orphelinat, les membres du Conseil d'administration furent unanimes à lui présenter le Frère Directeur comme digne de toute confiance. Mis au courant de ce qui concernait cet établissement, il fut étonné d'apprendre que des dames s'immisçaient dans ce qui regarde la culture, dans les détails de la cuisine, etc., et il leur interdit cette ingérence. Cette mesure les froissa ; il en résulta de graves difficultés, qui le portèrent à s'entendre avec la Congrégation pour supprimer cet établissement, malgré l'intérêt qu'il lui portait et son estime particulière pour le Frère Marie-Louis.

Il en coûta à ce bon Frère d'abandonner des orphelins qui avaient été l'objet de ses soins paternels ; mais il ne pouvait qu'éprouver de la satisfaction à sortir d'une position où il avait tant souffert. Et vraiment, s'il n'y avait pas une autre vie où la vertu est récompensée, il faudrait dire qu'il fut un homme bien malheureux.

Après les vacances de 1864, le Frère Marie-Louis fut envoyé à la ferme-école de la Montaurone, dans le diocèse d'Aix. C'était une maison presque sans discipline. Aidé du seul Frère qui lui était adjoint, il y opéra en quelques semaines une complète transformation. Il se multipliait pour répondre à tous les besoins, faisant la classe, donnant des leçons théoriques d'agriculture, distribuant tous les travaux de la ferme, surveillant leur exécution, et tenant en outre une comptabilité très-détaillée.

M. de Bec, directeur de cet établissement important, reconnut bientôt les qualités et la capacité de notre cher Frère ; aussi tenait-il à se l'attacher ; mais, malgré les instances qu'il fit et les puissantes influences qu'il employa pour se conserver un concours si précieux, il dut en faire le sacrifice en faveur de notre Maison-Mère.

Notre Institut venait de faire la perte la plus douloureuse, celle de son vénéré Fondateur. Cette perte faisait un vide immense, que le cher Frère Marie-Louis devait contribuer à combler. Ses connaissances spéciales le désignaient pour l'Economat ; il en fut chargé au commencement de 1865.

Si, avant de le suivre dans sa nouvelle position, nous jetons un coup d'œil en arrière, le Frère Marie-Louis nous apparaîtra comme une de ces victimes d'expiation que Dieu se choisit quelquefois parmi les hommes. En effet, il avait passé une jeunesse si pieuse et si pure que, dans son pays, il était surnommé *la Vierge*. Entré dans l'état religieux, il y est constamment un modèle de toutes les vertus. Cependant il semble que toutes les afflictions doivent être son partage. Ainsi il n'a qu'une vie languissante, et presque chaque année il est éprouvé par quelque nouvelle maladie. Partout il est chargé de tâches pénibles, et il s'y dévoue jusqu'à ce qu'il succombe sous le poids, pour recommencer dès qu'il aura recouvré un peu de force et succomber de nouveau. Il est placé à la tête d'établissements naissants, où le logement est incommode, où il faut tout créer et à peu de frais, où le nécessaire manque quelquefois : voilà autant de sources de gêne, de privations, d'inquiétudes dont nul ne peut se faire une juste idée s'il ne les a éprouvées lui-même. Quoique ce Frère dirige avec sagesse les maisons dont il est chargé, Dieu permet que des gens, d'ailleurs bien intentionnés, lui causent une foule d'ennuis, entravent ou paralysent les efforts de son zèle. Et pourquoi n'ajouterais-je pas qu'à ces croix s'en joignent beaucoup d'autres que la discrétion ne permet pas de révéler !

Au souvenir de tant de peines, endurées avec tant de patience, pourrait-on n'être pas saisi de compassion et d'admiration ? Oui, ô bon Frère, martyr de l'obéissance et du dévouement ! votre calme et votre résignation au milieu des tribulations vont jusqu'à exciter mon étonnement. Vous posséder ainsi au milieu des épreuves les plus sensibles à votre cœur, c'est l'héroïsme de la vertu. O bon Frère ! je vous avais vu à l'œuvre et je vous avais admiré ; mais il m'a été donné, par la lecture de vos lettres, de pénétrer plus avant, de découvrir vos sentiments intimes, de voir le fond de votre cœur ! J'en bénis Dieu, parce que cette lecture m'a fait du bien ; et maintenant, non-seulement je vous admire, mais je crois que vous êtes un saint.

A la Maison-Mère, la vie du Frère Marie-Louis ne sera plus si troublée, si agitée ; néanmoins la croix restera toujours son partage; il n'aura guère de jours d'une santé passable ; divers malaises qu'il éprouve ne le quitteront qu'après avoir éteint ce qu'il y a en lui de force et de vie.

Mais il aura soin de cacher ce pénible état sous le voile d'une douce gaîté, et de se montrer toujours gracieux et affable. Toutes ses forces, toutes les ressources de son intelligence seront consacrées au bien de ses Frères. Servir les intérêts de sa Congrégation sera son bonheur et le but de ses aspirations, de ses efforts de tous les instants.

Une qualité qui caractérise spécialement le Frère Marie-Louis, c'est la bonté. Dans vos rapports avec lui, T.-C. F., ne l'avez-vous pas trouvé toujours complaisant, sensible, obligeant, plein de douceur et d'affabilité ? Ces qualités de son âme se reflétaient fidèlement sur son visage, et l'on était bientôt gagné par son air de franche cordialité et d'aimable et spirituelle simplicité. Sévère pour lui-même, il supportait les défauts des autres et se montrait plein d'indulgence. Comme nous l'a écrit un de ses confrères, « il « était un ami fidèle, un guide charitable, un bon conseiller, un « ange tutélaire. Malgré ses souffrances, on le voyait toujours gai,

« toujours aimable. Jamais il n'a paru en lui un mouvement « d'impatience..... »

« Je l'ai toujours considéré comme un saint, dit un autre « Frère ; il ne respirait que pour Dieu et pour sa Communauté..... « Je me rappelle lui avoir entendu dire ces belles paroles : S'ap- « pliquer à rendre heureux ceux qui nous entourent, quelle occu- « pation aimable et facile !... Il était un Directeur selon le cœur « de Dieu... Plein d'égards pour ses confrères, nous écrit-on « encore, il prévenait même leurs désirs. Il les accueillait avec « cette bonté, cette douceur, cette bienveillance qui lui gagnait « tous les cœurs. C'était toujours avec regret qu'il sortait, tant il « aimait la retraite et la compagnie de ses Frères. Moi-même, « j'aimais tant sa douce présence que, lorsqu'il était sorti, j'avais « presque continuellement les yeux tournés vers le chemin par « où il devait revenir, et j'éprouvais un sentiment de bonheur dès « que je l'apercevais. »

Sa charité lui gagnait également l'estime et l'affection des gens du monde. Ses voisins trouvaient en lui un ami bienveillant. A Vienne, pour ne pas priver les jardiniers des récompenses qui pouvaient leur être accordées dans les concours annuels, il refusa toujours d'exposer ses produits horticoles, bien qu'il eût pu le faire avec un succès assuré. Il éprouvait plus de satisfaction à les obliger, en leur prêtant ce qu'ils lui demandaient pour compléter leurs collections, qu'il n'en aurait éprouvé à obtenir les premiers prix.

Ami de la concorde, il savait faire des sacrifices pour la faire régner, et il s'employait avec un don particulier pour réunir les cœurs divisés. Il reçut cet honorable témoignage de notre Révérend Père Fondateur, qu'il n'y avait dans aucun établissement un accord aussi parfait que dans celui qu'il dirigeait. Même des gens du monde s'adressaient parfois à lui, et non sans succès, pour opérer des réconciliations dans les familles.

Avec de telles qualités, le Frère Marie-Louis ne pouvait que gagner partout l'estime et la confiance du Clergé ; aussi partout en reçut-il les plus sincères témoignages d'affection et d'intérêt. On peut en dire autant des autorités civiles, qui lui accordèrent constamment leur bienveillante sympathie, leurs encouragements et leurs félicitations.

Bon pour ses orphelins comme une mère pour ses enfants, il avait à cœur leurs intérêts comme les siens propres, et rien ne le réjouissait plus que ce qui pouvait contribuer à leur avantage. Par des études spéciales, il sut se mettre en état de donner à leur santé des soins dans une foule de cas où le secours du médecin n'est pas de rigueur. Il tenait à leur éducation religieuse, et mettait un soin tout particulier à leur faire bien entendre la messe le dimanche, se montrant sévère envers ceux qui manquaient à ce devoir. S'il les aimait, il était bien payé de retour ; le trait suivant en est une touchante manifestation. C'était au catéchisme de la paroisse. Comme on demandait à l'un d'eux s'il aimait bien le bon Dieu : « Oui, Monsieur, répondit-il avec naïveté, mais j'aime « encore mieux le Frère Marie-Louis. »

En toute occasion le Frère Marie-Louis songeait aux intérêts de sa Congrégation et faisait pour elle tout ce qui était en son pouvoir. Découvrait-il quelque bonne variété de fruit ou quoi que ce soit d'avantageux, il se mettait en mesure de le procurer à la Maison-Mère. Pendant les huit années qu'il a rempli la charge d'Econome, il a voué tous ses instants, toute son activité, toute son intelligence et toutes ses connaissances aux intérêts matériels de l'Institut.

Mais le soin des choses extérieures n'excluait point en lui l'esprit intérieur. Ceux qui ont vécu avec lui l'ont bien jugé à cet égard. « Je remarquais, nous écrit l'un d'eux, la perfection qu'il « mettait à faire toute chose, et je trouvais qu'il menait une vie « angélique ; que son cœur, embrasé de l'amour divin, ne respi- « rait que les flammes de la plus pure charité... Pendant les belles « soirées d'automne, nous allions dans le jardin contempler les « astres, et il me disait souvent : Oh ! que j'aime l'étude de l'as- « tronomie ! Elle me fait penser à la grandeur de Dieu !... Oh ! « que Dieu est grand, s'écriait-il quelquefois au milieu de sa con- « templation ! » C'est ainsi que, par cette étude, il s'élevait jusqu'au-delà du firmament, jusqu'à Celui que cherchait son cœur. Il a conservé jusqu'à la fin de sa vie cet attrait pour l'astronomie, et il demandait comme une faveur de pouvoir lire le *Ciel*, publication périodique qui lui favorisait ces contemplations. Une année qu'il ne put venir à la retraite, il demanda au Supérieur la permission d'acheter quelques livres de piété, disant : « Je les crois propres « à me faire avancer dans la vie intérieure. C'est avec ces livres « que je prendrai mes vacances. »

Il était loin d'avoir une tendance naturelle pour les fonctions dont l'obéissance le chargeait. Le tracas des affaires le fatiguait, et, comme le saint Curé d'Ars, il éprouvait un puissant attrait pour la solitude. Il l'exprimait ainsi à son Supérieur lorsqu'il fut question d'acquérir la maison de Tamié : « De jour en jour je « sens s'augmenter l'inclination que j'ai pour une vie plus retirée. « Il me semble, mon Révérend Père, pouvoir vous dire que cette « inclination n'est pas causée par des motifs naturels, mais par le « seul désir de mieux servir Dieu, en menant une vie plus inté- « rieure... Si donc, comme je l'espère, vous faites l'acquisition de « Tamié, je vous prie de vouloir bien penser à moi... »

« Je laisse tous mes intérêts entre les mains du bon Dieu, per- « suadé qu'il sait mieux que moi ce qui m'est le plus utile, et « qu'il m'accordera la grâce de me conformer avec une parfaite « soumission à tout ce qu'il vous plaira de m'accorder. »

Lorsque la nécessité l'obligeait à parler à des femmes, il gardait la plus grande modestie. Bien qu'il accueillît toujours les gens avec une exquise politesse et un visage riant, les visites qu'il recevait lui étaient à charge. Quant à celles qu'il était obligé de faire, surtout au nouvel an, elles lui coûtaient tellement, qu'il en était quelquefois péniblement affecté plusieurs jours d'avance. « Il est bien difficile, disait-il, d'avoir beaucoup de rapports avec « les gens du monde sans qu'il échappe quelque chose qui dé- « plaise à Dieu. » Telle était la cause de ses appréhensions. Un Frère animé de ces sentiments remplit ses fonctions au milieu du monde sans préjudice pour son âme; la crainte qu'il a du danger le sauve du danger ; et plus il craint, plus il est en assurance.

La délicatesse de conscience du Frère Marie-Louis le portait à revoir son confesseur avant chacune de ses communions ; mais, bien différent des scrupuleux, que l'orgueil rend peu soumis à leur Directeur spirituel, il suffisait que son confesseur lui dit : Allez, et il obéissait. Combien on se serait donc trompé si l'on avait attribué ces confessions multipliées à toute autre cause qu'aux appréhensions d'une âme timorée ! Il est heureux celui qui ne craint que le péché !

Autant les autres estimaient cet excellent religieux, autant il avait de bas sentiments de lui-même. Se croyant incapable de conduire un établissement, bien des fois il supplia son Supérieur de le décharger de la fonction de Directeur, et de lui donner un emploi plus proportionné à sa prétendue faiblesse. « Je vous prie, « écrivait-il, de m'accorder cette insigne faveur, dont je vous serai « reconnaissant le reste de ma vie. » Son humilité ne parait pas moins dans ces lignes écrites à son Supérieur pour lui parler de ses infirmités corporelles... « Ce n'est pas que je regrette la perte « de ma santé ; je ne regrette qu'une seule chose en ce monde, « ce sont les péchés que j'ai eu le malheur de commettre. Je « donnerais volontiers ma vie pour les effacer. » Ainsi parlent les saints, que le moindre péché effraie. L'homme qui a une telle opinion de lui-même est loin de chercher à paraître aux yeux des hommes ; aussi notre cher Frère faisait-il souvent cette prière : « Mon Dieu, faites que je passe sur la terre sans que l'on fasse « attention à moi. »

Il ne faut pas s'étonner qu'avec de tels sentiments il eût une obéissance si parfaite. On aura déjà remarqué qu'il rendait en quelque sorte visible sa soumission lorsqu'il formait quelque demande, même au milieu de ses ennuis et de ses maladies. « Votre « réponse, quelle qu'elle soit, écrivait-il dans une de ces circons- « tances, sera reçue avec la soumission la plus parfaite. A la « vérité, j'aurais du plaisir à faire ce que je vous demande, mais « j'en aurai beaucoup plus encore à faire votre volonté, que je crois « être celle de Dieu même. » Lorsqu'il ne recevait pas de réponse, il écrivait, sans se plaindre, une deuxième, une troisième lettre, attendant pour agir d'avoir obtenu une permission formelle. Même pendant qu'il fut Econome, il n'entreprenait rien de nouveau ou d'un peu important sans consulter son Supérieur. Très-délicat au sujet des dépenses, il recourait aux permissions même pour les petites choses, craignant toujours d'outre-passer ses pouvoirs.

L'habitude contractée dans sa jeunesse l'obligeant à user de tabac, il avait limité sa dépense pour cet objet à 60 centimes par an.

Malgré le soin qu'il mettait à cacher ses mortifications, on les découvrait quelquefois. Un de ses condisciples du noviciat, qui est demeuré bien des années son voisin de table à notre réunion annuelle, a exprimé dans les termes suivants ses observations : « Chaque année il revenait à la Maison-Mère plus pieux et plus « saint. Il se livrait avec une séraphique ardeur aux exercices de « la retraite. Je remarquais qu'il était ingénieux à se mortifier. S'il « y avait un plat mal apprêté et peu au goût de ses voisins, il se « contentait de cette unique pitance, afin de laisser à ses Confrè- « res tout ce qui était plus à leur goût. Servait-on quelque assai- « sonnement, il savait s'en priver assez adroitement pour ne pas « laisser apercevoir sa mortification. Il n'usait pour ainsi dire pas « de vin, rougissant seulement l'eau qu'il buvait, pour ne pas « se singulariser. »

Un si bon religieux ne pouvait qu'être étroitement attaché à son Supérieur. Il savait le lui témoigner, tant par les actes que par des expressions délicates et cordiales, qui rendaient admirablement son amour filial et ses sentiments de reconnaissance. Presque toutes ses lettres au Révérend Père Fondateur réclamaient sa visite comme un bonheur vivement désiré. Il lui adressait des plaintes respectueuses s'il apprenait qu'il eût passé près de son établissement sans aller le voir. « Que malheureuse est la brebis qui est « éloignée du Pasteur! lui écrivait-il une fois qu'il fut longtemps « sans le voir. Elle n'entend plus sa voix, cette voix qui la fortifie « dans ses peines et lui donne la patience. » Et une autre fois : « Oh ! que nous avons désiré une de vos visites, toujours si agréa- « bles à vos enfants ! »

L'amour pour son Supérieur produisait la confiance et l'abandon. Aussi, dans ses conversations comme dans ses lettres, lui parlait-il avec l'ouverture de cœur la plus entière. C'est avec bonheur qu'il lisait les lettres qu'il en recevait. » Je sentais alors, « a-t-il dit plus tard, renaître les consolations dont mon cœur « avait été inondé chaque fois que je m'étais entretenu avec lui « pendant mon noviciat. » Souvent il lui demandait la continuation de ses conseils et « sa bénédiction pour le plus indigne de « ses enfants. » C'était surtout pour épancher son cœur dans celui de son bon Père et recevoir des conseils, qu'il réclamait ses visites avec tant d'instance.

Lorsqu'il ne pouvait pas venir à la retraite, c'était pour lui une peine extrême. Chaque année il attendait avec anxiété la décision qui devait le fixer à cet égard, et quand elle lui était favorable, il était dans une jubilation qu'il exprimait par des lettres dans le genre de celle-ci : « O mille fois merci, mon Révérend Père, de « ce que vous avez bien voulu me permettre d'aller à la retraite « cette année ! Dans quelques jours j'aurai donc le bonheur inex« primable de vous embrasser, et de répandre dans votre cœur « paternel les peines et les misères dont le mien est accablé cette « année, afin de recevoir les réprimandes et les conseils qui me « sont nécessaires pour mieux faire à l'avenir. » Mais si l'obéissance l'obligeait à rester dans l'établissement, il éprouvait les sentiments qu'il exprime dans les lignes suivantes : « Combien j'envie « le bonheur de nos bons Frères qui sont en ce moment auprès « de vous, et qui entendent tous les jours la voix de leur bon « Père ! C'est pour moi une vraie privation de ne pas avoir ce « bonheur ; mais que Dieu soit béni ! »

On a déjà vu qu'il avait une grande confiance en la sainte Vierge, dont il avait obtenu des faveurs signalées. En reconnaissance, il avait demandé la permission de faire reproduire par la photographie une image de Notre-Dame de Myans, qu'il avait en singulière vénération.

Son amour pour la sainte Famille lui avait inspiré de porter habituellement sur son cœur des images de Jésus, de Marie et de Joseph, choisies selon les sentiments ou les besoins de son âme.

C'était *Jésus le vrai consolateur*, montrant son cœur sacré à l'homme affligé, et lui tendant les bras ; c'était Marie étreignant sur son cœur son heureux enfant, qui s'écrie : *Ici je veux vivre et mourir ;* c'était saint Joseph, *patron de la bonne mort.*

Ainsi se sont écoulés les jours du Frère Marie-Louis ; ainsi il s'est préparé pour entrer dans l'éternité. Huit jours de maladie épuisèrent ce qui lui restait de vie. L'approche de la mort le laissa calme : il ne l'appelait pas, il ne montrait pas qu'il la redoutât. La crainte de Dieu, dont il avait toujours été pénétré, se changeait en une douce confiance, et il attendait sans trouble l'appel de son Juge, qui était le bien-aimé de son cœur. Les vertus qui avaient orné sa vie se manifestaient avec un nouvel éclat : quelle résignation ! quelle patience ! quels tendres regards sur Jésus en croix, sur les images de Marie, de Joseph, de saint Louis de Gonzague ! quelle obéissance aux moindres prescriptions du médecin ! quelle reconnaissance envers ceux qui l'assistaient !

La veille de Noël, vers le soir, il reçut tous les secours de la religion. Peu après neuf heures, l'oppression qu'il éprouvait disparut entièrement ; il jouissait d'un calme parfait et paraissait ne plus souffrir. On lui demanda s'il voulait qu'on lui fît une lecture ; il accepta en disant qu'on lui ferait plaisir si l'on voulait bien avoir cette bonté. La lecture achevée, il remercia et dit : « Maintenant laissez-moi un peu à moi-même. » C'était le dernier entretien ici-bas de cette âme juste avec son Dieu. Environ une demi-heure après, il se tourna sur le côté droit, porta ses regards sur les images placées près de lui, et après quelques minutes, sans agonie, les yeux encore fixés sur l'image de saint Louis de Gonzague, son âme prenait son essor pour aller chanter dans le ciel, avec les Anges, l'éternel *Gloria in excelsis Deo.* C'était le 24 décembre 1872, peu d'instants avant l'heure où naquit le Dieu Sauveur. « Quelle douce et sainte mort, s'écria un des Frères « présents ! Que je serais heureux si j'étais à sa place ! »

Je ne parlerai pas de notre affliction à la vue d'une telle perte, ni des regrets qu'elle a excités chez les personnes amies de la Congrégation, bien que tout cela soit une preuve du mérite de ce bon Frère; je trouve plus de consolation à m'occuper de ses vertus. Il fut un homme dont on ne peut faire assez d'éloges. Si, en écrivant ces pages, T.-C. F., je ne l'ai pas fait d'une manière digne de lui et n'ai pas répondu à votre attente, je veux au moins protester ici de ma bonne volonté, et de la vénération que j'ai toujours eue pour ce digne religieux et que je lui conserverai tant que je vivrai. Il a traversé ce monde dans les souffrances, accumulant ses mérites, ne visant qu'à servir Dieu, et il est mort en prédestiné. Je m'estime heureux d'avoir eu à m'occuper de sa sainte vie, et je le prie de m'obtenir la grâce de me sanctifier comme lui. Je lui demande la même faveur pour vous, très-chers Frères, en vous renouvelant mes affectueuses salutations en Notre-Seigneur.

Frère AMÉDÉE,
*Supérieur général.*

Lyon. — Impr. de J. B. Pélagaud.

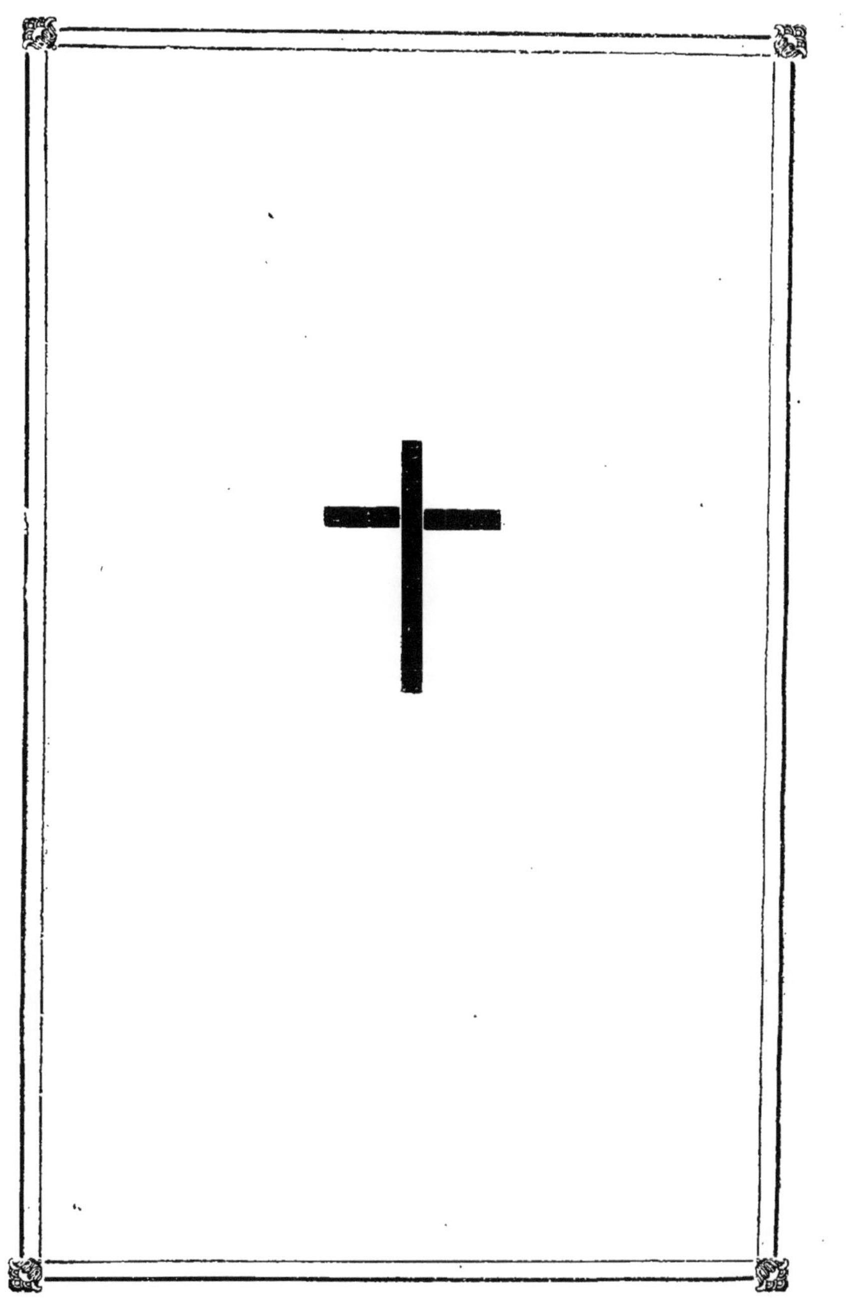

www.ingramcontent.com/pod-product-compliance
Ingram Content Group UK Ltd.
Pitfield, Milton Keynes, MK11 3LW, UK
UKHW020548230726
13925UKWH00006B/2456

9 782014 038651